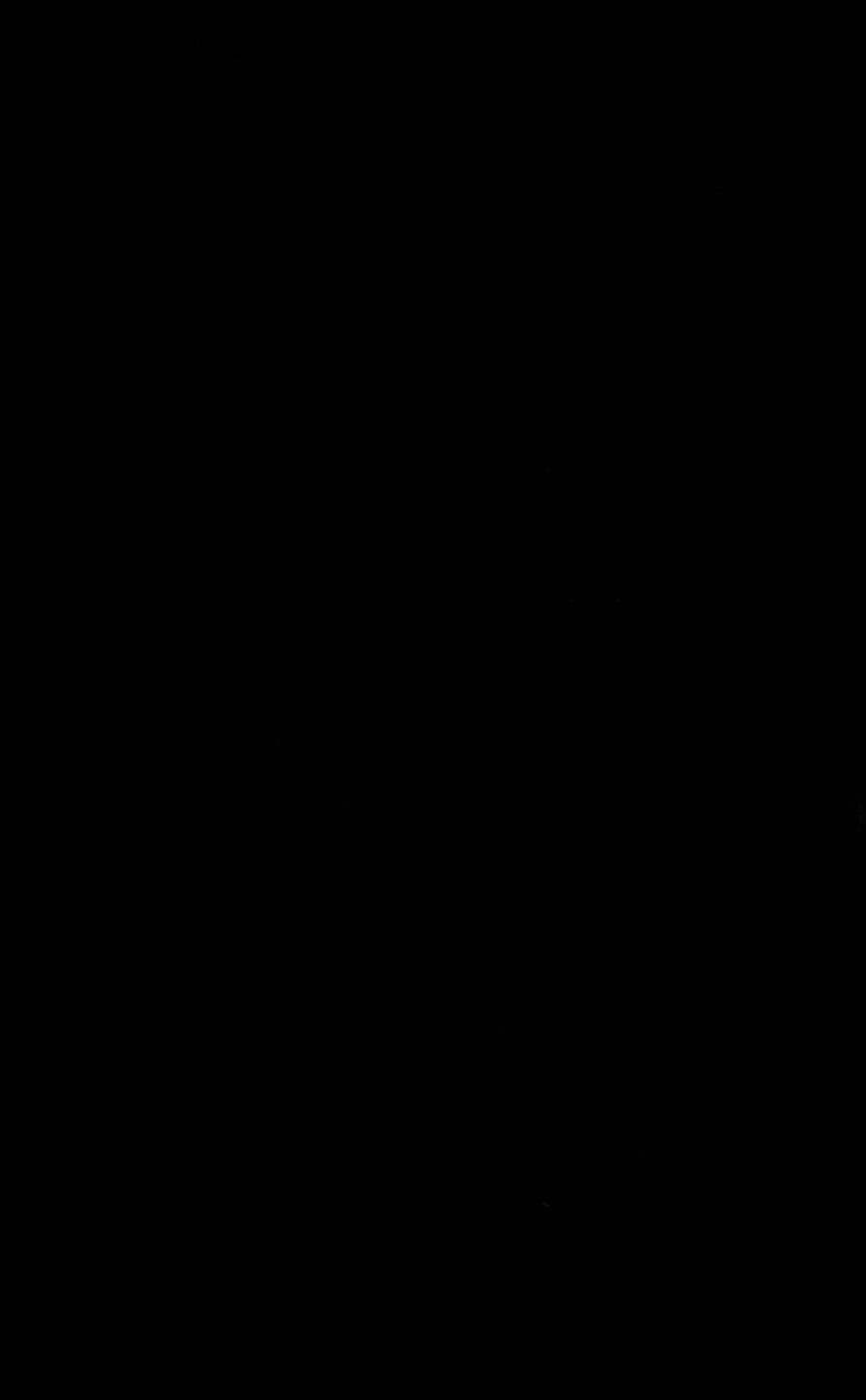

김영박

시집

시인선 008

역설 ⓒ 김영박

초판인쇄 2024. 10. 10.
초판발행 2024. 10. 10.

지은이 김영박
펴낸이 변의수
펴낸곳 상징학연구소

출판신고 2022. 1. 22.
신고번호 제 022-000005 호

경기 고양 시 일산서구 탄현로 136, 116동 1302호
010-3030-9149
euisu1@hanmail.net
ISBN 979-11-956567-5-2 (03810)

값 12,000원

잘못된 책은 바꾸어 드립니다.

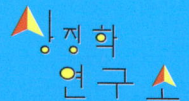

역설

시인의 말

상처는 꽃으로 핀다 아름다움에 아름다움을 더해가는 은총이 상처 속에 있다 눈물을 닦고 있는 영혼이 별빛으로 반짝이는 우주를 본다 잠시 만났다 헤어지는 인연이라지만 길고 짧음 영원과 찰라 사이에 존재하는 역설이 나와 함께 한다 지우고 만나는 길을 고통이라 했던가, 고독이라 했던가, 운명의 고통 속 끊임없는 부조리한 현실, 죽음의 변주곡을 듣는다 심연에 핀 사랑의 꽃, 기적 속에서 내가 창조되고 있다

역 설

시인의 말

하나: 서정의 꽃 13

고백 14
이상의 패러디 16
상징 17
무한 절벽 18

둘: 비어있는 도시 20

죽음의 변주곡 [1- 36]
1 비명 22
2 얼굴 25
3 어둠의 꽃 26
4 형벌 27
5 산길 28
6 아버지와 아들 29

7 어느 시간 강사의 말 30
8 개미의 깃털 32
9 도장골 33
10 작은 무덤 34
11 소신공양(燒身供養) 36
12 봄이 숨어있다 39
13 유서 40
14 불꽃 42
15 絶壁江山 43
16 나비 45
17 미녀의 잠 46
18 변명 48
19 어린 등불 51
20 나를 깨운다 53
21 악몽 54
22 요한 수난곡 56
23 새가 된 소녀 58
24 가을 황혼 59
25 아무르강가의 작은 마을 61
26 유언장 62
27 아버지의 뒷모습 63

28 발견 65
29 저수지 67
30 바다의 창 1 69
31 바다의 창 2 72
32 바다의 창 3 74
33 바다의 창 4 75
34 바다의 창 5 77
35 손님 79
36 수반 위의 돌 81

부활 82
주홍꽃 雪景 84

셋: 바위는 산책 중 87

황금 연못 88
호수 89
작은 방 90
연초록의 눈 91
철새 92
빗방울의 여정 93

연못 속의 마을 [1-12월]
1월 94

2월 95

3월 96

4월 97

5월 98

6월 99

7월 100

8월 101

9월 103

10월 104

11월 105

12월 106

돌담 107

해일이가 폭포수가 108

옛이야기로 매달리는 마을 110

보이지 않은 길 111

단풍 꽃 112

노란 풍금 113

겨울날의 서정 114

보름달을 가슴에 품고 116

몸속의 동굴 118

새벽 기도회 119

시인의 글
역설: 내가 나에게 말을 한다 122

하나

서정의 꽃

시를 쓰는 일은
철필로 심장에 고인 피를 찍어
나를 지워가는 일
내 몸의 우주를 찾아
끝이 보이지 않은 설원을 걸어가는
길

고백

대낮의 어둠이
아직 깨어나지 않은 동굴처럼 환하다
호스가 빠진
배꼽에서 흘러나온 피
시뻘건 장미꽃으로 피는가

침대에서 일어나본 적이 없는 소녀
입을 이리 저리 비틀어도
말이 벽으로 부서지는 아이

지구보다 큰 밤을 바라보며 눈물을 닦는다
다가오는 정적
방안을 환하게 밝혀 놓은
눈먼
한숨 소리

  소녀의 얼굴에서 사라진 별을 찾고 있던 사람이 내 눈에 흐르는 눈물 속에서 반짝인다 뇌염으로 십오일 간 말문이 닫힌 나를 떠나, 우주를 헤매던 내가 어머니를 부른다 아버지를 찾는다

  '죄 없이 망한 자가 있던가' '정직한 사람을 버리는 것

을 보았던가' '거짓된 사람이 어떻게 하나님이신 분께 반론할 수 있겠는가'

 '주께서는 무슨 일이든지 하실 수 있기에 아무도 주님의 뜻을 방해할 수 없는 줄 아나…이…다'
 고백한다*

* 욥기 차용.

이상의 패러디
그림자 속의 나

그림자 속에 눈이 있네
캄캄한 세상을 기웃거리는 동굴
신이 준 돋보기로도 볼 수 없는 내가
몇억 광년 떨어진
우주 속에
숨어 있네

심연 어딘가에
보이지 않는 움막을 지어놓고
나에게 돌아올 줄 모르는 내가
사라진 별을 찾네
떼어내려 해도 떼어낼 수 없는
소리

거대한 태풍을 만들고 있는 바다의 고요처럼
회오리바람을 일으키는
내 안의 음악

상징

나는 돌이야,
호사가들은 수석이라고 부르네
하늘이 사라져도
절대 변하지 않는 돌
지금 그가 나를 보고 있어

수석을 수집하는 사람들은 나를 호피석이라고 하지 개호피가 아니라 참 호피 돌의 재질이 붉은 것이 특징이야 거기에 호랑이처럼 검은 줄무늬가 있고 망치로 쳐도 깨지지 않는 단단함과 어디 하나 금간 자국이 없으니

길 잃은 양이여, 선한 눈으로 하늘을 바라보는가 그림 속의 회오리바람은 십자가를 잡고 반짝이는 별들을 세차게 흔들고 있는데

어딘가로 날아가고 있다 날개도 없이 눈도 없이
온몸이 이글거리는 나를 본다

무한 절벽

이제야 내 영혼이 날기 시작하네
무엇을 입고 있다는 것도, 무엇을 신고 있다는 것도
기억을 하지 못하네
순수한 알몸으로 발을 동동거리며
아무것도 보이지 않는 곳을 향해 문을 여네
손으로 만졌을 때의 두려움도
등에 업을 때의 무서움도
시체에 내 몸을 집어넣었을 때의 아득함도
하얗게 지워진 무한 절벽
모든 시간이 화산처럼 추락하는 심연
머릿속에 모여든 풍경이 하늘을 향해 날개를 펴네
시체염사라는 사실도 잊어버린 채
수많은 나비로 날아오르네
불빛 대신 끝이 보이지 않는 어둠만이
벌거벗은 나를 보고 있네

둘

비어있는 도시

나는 오늘도 첫닭이 울기 전
몸을 빠져나와
종일 천체망원경 속을 걷는다
한 번도 발길이 닿지 않은 곳을 떠돌며
오래전에 사라져버린 별을 찾고 있다

죽음의 변주곡

죽음은 빛으로 돌아가는 것
어둠에서 멀어지는 것

아, 그대 사랑이여 사라지지 않는 영혼이여

1.

비명

그 해 겨울은 눈도 오지 않았다
바람만 언덕을 넘어와 지붕에 잠시 앉았다 떠나고
봄 햇살 같은 볕이 마당을 기웃거렸다
노래를 불러야 하리
노래를 불러야 하리
바람이 부르다만 노래를 불러야 하리

아버지도 어머니도 산 너머 마을 혼사에 가고
작은 누이는 어디에 있었을까

세 명이나 된 누이들은 또 어디 갔을까
부엌에서 큰 누이가 부른다
'무슨 말'을 몇 번이나 계속했던가
노래를 불러야 하리
노래를 불러야 하리
산이 부르다만 노래를 불러야 하리

아랫집 외가의 늦은 아침
봇물이 터지듯 울음소리가 들려왔다
아버지의 울음소리, 어머니의 울음소리, 작은 누이의 울음소리
그리고 뒤이어 터져 나오는 마을 사람들의 울음소리
노래를 불러야 하리
노래를 불러야 하리
댓잎이 부르다만 노래를 불러야 하리

해가 서산에서 피를 토하자
마을 사람들이 봇짐장수처럼
십여 리나 떨어진 금반 저수지를 향해 산을 넘었다
저수지 둑에 가마니로 덮어놓은 것은 무엇인가
어둠이 짙게 깔린 야트막한 산에
산새소리가 새로 들어선 무덤 주위를 돈다

노래를 불러야 하리
　노래를 불러야 하리
　산새가 부르다만 노래를 불러야 하리

　고요하던 저수지가 술렁이며 달이 알을 낳고 있을 때
　무당이 저고리를 날리며 물속으로 하염없이 걸어 들어갔다
　누이가 누군가를 부르는 소리, 검은 허공을 밟고 멀어져 간다
　노래를 불러야 하리
　노래를 불러야 하리
　무당이 부르다만 노래를 불러야 하리

　어머니를 부르는 구슬픈 비명이
　저수지 바닥에 잠자리를 잡은 별들을 모두 깨워놓았을까
　새파랗게 얼어붙은 하늘에서
　몇십만 년 전의 심연이 눈을 비빈다
　노래를 불러야 하리
　노래를 불러야 하리
　별이 부르다만 노래를 불러야 하리

　사방으로 흩어지는 이슬방울 속에서 반짝이는 빛, 시간의 껍질을 깨고 나온 얼굴이 두리번거린다 어둠만 서성이는 심연의 가지마다 보랏빛 영혼으로 떠도는 말들이 안개꽃으로 피는가 머뭇머뭇 주춤주춤 아득히 멀어지는 발자국이 나직한 목소리로 노래를 부르며 은하수를 건넌다 먼 산길을 돌아나가는 기적소리, 기적소리

2.

얼굴

소복을 입은 여인들의 노랫소리가
깊은 산을 두드린다
아카시아 향기 날리는 기독교인 공동묘지
슬픈 노래의 선율을 타고 상여가 흔들린다
높은 파도를 넘는다

단발머리 소녀의 얼굴
잊을 수 없다는 듯, 잊지 못하겠다는 듯
장난을 치며 따라오는 아이의 몸속으로
솜털 같은 햇빛이 파고든다
하늘이 꽃마차로 훨훨 날아오르는 오월

관을 몰래 빠져 나온 누이가 가시 같은 눈물방울로 맺힌다

바위 같은 침묵 속에서 하얀 모란꽃으로 울고 있는 여인
이 교회, 저 교회를 떠돌며 예수를 구걸하던 누이가 손을 흔든다
아득한 수평선이 끝없이 넘어오고 있다

3.

어둠의 꽃

몸속의 노란 물감이
피카소의 상형문자처럼 벽을 타고 기어오르는 동굴
뱀이 뱀의 등을 타고 아가리를 벌린다

상여소리가 어둠 속을 돌며 마당을 삼키고 집을 삼키고
마을을 집어삼켰다 밤이 깊어갈수록 높아만 가는 저승의
노래가 아득한 하늘 속으로 끌고 들어간다

4.

형벌

무덤이 너무 커서 보이질 않는다

발을 오그린 채 등짝에 달라붙은 뱃가죽을 보면

흙이 내려와 보듬어 줄만도 한데

오류년은 더 소낙비를 맞는다 해도

해의 저주를 벗어날 수 없을 것만 같다

햇빛의 폭포수 속을 비틀거리며

조문을 마친 실개미 한 마리 주위를 맴돈다

5.

산길

빨치산의 꿈이 파릇파릇 고개를 내미는 조계산

보이지 않는 사람들의 얼굴을 따라 길이 길을 따른다 앞장서 걸어가던 어질 머리 봄꽃 대피소에 벌들로 모여 윙윙거리는데 적막이 눈을 번쩍 뜬다 육이오의 겨울이 바람으로 날아다니며 난자당한 주인의 얼굴을 찾는다

6.

아버지와 아들

'너는 너의 고향과 친척과 아버지의 집을 떠나 내가 보여 줄 땅으로 가라' *
 그 소리가 들려온 지 얼마나 지났을까
 도시에서 쫓겨 온 아들 뒤를 천사가 따라왔어 **
 노소를 막론하고 원근에서 소돔의 백성들이 모여들어 집을 에워쌌네 ***
 몇 달 안 가 아들이 데리고 들어온 여자가 몸을 열고 이삭을 낳았네

* 창 12: 1
** 창 19: 1
*** 창 19: 4

7.

어느 시간 강사의 말

그의 유서는 컴퓨터 글씨가 아니다
다섯 장이, 한 글자로 펄럭이는 육필의 눈물

온몸이 조여드는 손가락 끝에서
징소리처럼 울려 퍼지는 파들거림으로,
내 눈 속에 퍼런 호수가 출렁인다

바다보다 더 큰 호수
길 잃은 영혼의 눈물이 사막으로 타오른다

독수리 발톱에 매달린 작은 짐승이 되어
바르르 전율을 일으키며 까맣게 번지는 잉크자국

그의 살이 된 시간들이
핏방울로 고여 소쩍새 울어 엔다

다른 시간 강사들에게는 힘을 내라고 하면서, 가족들에게는 미안하다고 하면서, 발자국도 없이 걸어가는 길이 까마득하게 멀어져만 간다

지금 누가 그의 수의를 짜며 하늘 끝 산성을 향해 걷고

있느냐
 대답 없는 이름, 소리쳐 부르느냐

8.

개미의 깃털

뙤약볕이 소낙비처럼 내린다

지글지글 끓는 소리 사막의 밤보다 적막한, 아스팔트 길 위로
깃털이 하나 지나간다

비둘기 몸이었던 깃털, 제트기류를 만들던 깃털

깃털이 땀을 뻘뻘 흘린다

짚고 있던 지팡이로 힘겹게 세상을 밀어내며
비탈길을 기어오른다

점 같은 발톱에 매달려, 사라져 가는 길을 숨 가쁘게 끌어내는 깃털
개미의 깃털

9.

도장골

희미하게 남아있던 길이
없다 수풀더미 속에서
산새 한 마리 살점을 콕콕 찍는다
어디선가, 적막의 굴을 파는
다람쥐의 속삭임

 아버지와 어머니가 별로 불을 밝히고 괭이로 밭을 일구던 잡목 숲에 흔적만 남은 무덤이 보이지 않는다 아무도 찾지 않은 두 개의 무덤 속에 흙으로 삭아 내린 뼛조각들이 시간을 밀어내고 있는 것일까 산새들이 쳐 놓은 그물을 빠져나오기 위해 몸부림친 잡목들이, 이제는 거목으로 서서 사라진 봉분을 바라보고 있다 털이 부연, 늙은 여우의 엉덩이 같은 둔덕 위에 가슴을 풀어 헤친 칡넝쿨이 길게 뻗은 손으로 더듬더듬 마을을 찾는다

10.

작은 무덤

산새들이 황혼을 부른다
걸음을 멈춘 산들이 소리를 찾아
때꿍때꿍 대답을 한다

주위에 흩어져 있던 눈들이 한 곳으로 모여드는데
공을 차는 아이들을 물끄러미 건너다보던
대국 한 송이 무엇을 보았을까

새색시 젖통 같은 봉분 앞에
노란 향기, 꿀벌 떼로 윙윙거려도
하얀 꽃잎 하나 바람을 깨워
나비처럼, 메아리 속을 나풀거린다

마을로 향하는 길이 멀리서 산을 넘는 한 낮
누런 벼이삭처럼 햇볕을 움켜쥐고
사색의 늪을 허우적거리는 사람이
산길이 고즈넉한 옛날처럼
어딘가를 향해 하염없이 걷는다

민들레풀꽃들이 바람의 치맛자락에 매달려

구름의 파란 속살을 들여다보고 있고

매운 적막이 잡초 밭에 앉아 엉덩이를 들썩이며
누군가를 기다린다

11.

소신공양(燒身供養)

목탁을 두드리며 눈물로 쏟아낸 기도문이
대웅전 안에 가득하다 백팔 배를 올리며 흘린 땀방울이
온몸을 흠뻑 적신다
이제 걸레로 대웅전바닥을 닦아야 한다
충혈 된 눈 속으로 걸어 나오는 사람들

불당에 그림자도 없이 들어찬 얼굴을 더는 셀 수가 없어
옆문으로 빠져나와 고무신을 신는다

명부전을 한참동안 들여다보다
관음전으로, 극락전으로, 천불전으로, 종루로 발길을 옮긴다
바늘구멍 같은 길속에서 지나간 시간들이 쭈뼛쭈뼛 걸어나와
줄줄이 해우소로 모여들어 한 식경을 머문다

 25년 전 흥건히 젖은 여인의 손을 뿌리치고 소슬바람으로 걸어온 오솔길이 발을 잡는가 하늘을 떠도는 흰 구름이 눈 속으로 들어와 움막 한 채를 짓는다 바글거리던 누이형제들은 보이지 않고 텅 빈 방에 늙은 어머니가 허리를 구부

리고 앉아 산새소리로 날고 있다

　그림자를 이리저리 옮기며 두리번거리다 바랑을 짊어지고 일어선다 부엌으로 들어가 불을 지피는 파뿌리 공양보살 뒤에서 목탁을 두드리며 염불을 왼 시간이 얼마나 되었을까 목탁 속을 빠져나온 부처님이 수평선을 이루며 파도로 넘실넘실 다가와 보이지 않는 섬을 찾고 있다

　나, 이제 떠나려 하네
　석가모니 부처님께 다가가는 길은
　아득히 멀기만 한데
　강물로 흐르던 부처님마저 오지 않으니
　길을 잃고 떠도는 눈물이
　온몸에 불을 지피네
　모래바람으로 떠도는 새끼 비둘기야
　멀리 멀리 날아가 나의 소신공양을 알려다오
　태를 열고 맞아준 고향 땅에서
　산을 기르듯 나를 바라보는 어머니에게도
　수수만 년 젖줄로 흐르던 물길을 막아
　부처님의 발을 묶으려 드는 사람들에게도

훨훨 날아가 나의 죽음을 알려다오

탑처럼 쌓아놓은 장작더미에 불이 붙는다 타닥타닥 타기 시작한 불길이 휘발유를 삼키며 치솟기 시작한다 가부좌를 흐트러뜨리지 않고 지그시 눈을 감고 앉아있는 스님을 향해 걸어오는 누군가의 발자국 소리 몸에 붙은 불이 혀를 날름거리며 하늘을 삼킬 듯이 날아오른다

여기저기서 모여드는 비명, 비명, 비명/ 파랗게 멍이 든 하늘이
뚝뚝 떨어진다

― 2010년 5월 31일 오후 2시 53분, 경북 군위군 군위읍 사직리 하천 제방에서 지보사 문수 스님이 불에 타 숨져 있는 것을 이모씨가 발견, 경찰에 신고했다(경향신문 기사 중에서) ―

12.

봄이 숨어있다

산비탈
주먹만한 무덤 앞에

마르지 않은
하얀 국화 세 송이

반쯤 타다 남은
붉은 초 토막

소녀의 치마 속에
고갱이, 고갱이 숨기고 온
추억 한 줌

모락모락 피어나는
아지랑이

13.

유서

그대,
옷을 벗고 가는 길엔 비도 오지 않네

절벽을 굴러 내리는 바위돌처럼
으르렁거리는 천둥소리만
검은 하늘 속으로 나를 끌고 가네

꿈은 꿈이 아니라고
바꾸려다 만 당신의 세계가
하늘에 먹구름으로 걸려있네

십오 개월 전의 대통령

컴퓨터에 유서 한 장 남기고
산을 돌아 나가는 그대의 모습이 노랑나비처럼 아른거리는데

재가 되어, 작은 비석으로 비바람을 맞고 싶다는 당신의 말이
봉화산 부엉이 바위에서 소쩍새 울음으로 피고 있는데

해는 어디쯤 가고 있는지, 예니세이 강*의 철새만
무심히 먼 길을 떠나네

              * 시베리아를 남북으로 가르는 강

14.

불꽃

아침 산책길로 이글거리는 꽃이 걸어온다

이 겨울에 웬 꽃? 주위는 며칠 전에 내린 설원이 아장인데
5층 건물보다 더 큰, 붉은 꽃이 나를 사로잡는다
스케치북 크기의 비문

작은 글자들이 돌 속을 빠져 나와
내 몸을 타고 기어오른다

1980년대 군사 독재에 침묵만 하는 지식인과 용봉 학우들에게 던진 불꽃이 가슴속에 들어와 정월 대보름날밤 마을을 활활 태우던 달집처럼 울부짖는다

30년 전의 피울음이 뜨거운 눈물로 흐르는 박승희의 추도문

15.

絶壁江山

그가
내 가슴속에 들어와
아사달의 석탑으로 말을 한다

온몸에 피가 도는
이천 년 전의 조각

(내가 금생에서 저질은 허물은 생사를 넘어 참회할 것이다. 내 것이라고 하는 것이 남아있다면 모두 맑고 향기로운 사회를 구현하는 활동에 사용해 달라. 이제, 시간과 공간을 버려야겠다.*)

나무아비타불소리가
하늘 문을 두드린다

높이 쌓아놓은 장작더미 위로 세상의 모든 눈이 모여든다 대중들의 흐느낌이 장작 위에서 타오르기 시작한다 목탁소리가 하늘에 닿았는지 연기처럼 부처님의 손을 잡은 스님이 허공을 향해 계단을 밟는다

어디선지 검은 구름이 몰려와 으르렁거린다
아, 조계산이 오열하는 소리
우두둑 우두둑 비가 내린다

            * 법정스님 열반송

16.

나비

누군가
높이 솟은 벽에 종이를 오려 붙인다

하얀 종이가 되어버린 벽
검은 절벽으로 우뚝 서는 벽
사각의 틀에 갇혀있는 벽

넘으려 해도 넘을 수 없고 오르려 해도 오를 수 없는 벽에
 색종이를 찢어 모자이크를 한다

어둠은 슬금슬금 기어 다니며 접어놓은 책장 속에서 나의 눈물을 보고
 태고적 모습 그대로 숨어 있는 돌들 속에서 나의 손때를 들여다보는데

빨간 종이를 오른쪽에 붙이고 파란 종이를 왼쪽에 붙이며
 무지개를 만들고 있는
 사람은

17.

미녀의 잠

그녀는 죽지 않았다

잠이 필요하여 수면제를 먹었을 뿐인데
사람들은 서둘러 화장을 하고
뼛가루를 바다에 뿌렸다

그러나 너무 슬퍼하진 마라

그녀의 육체가 뼛가루가 되어
새들만 드나드는 머나먼 무인도를 기웃거린다 하더라도
어리석은 사람들이
가슴속에 그녀의 무덤을 왕릉처럼 만들어 놓았다 할지라도…

여전히 그녀는 꿈을 꾸며 숨을 쉬고 있다

보이지 않는 세계를 찾아 깊은 잠에 빠져 있는 그녀의 영혼이,
숨이 끊어진 것처럼 자신을 지워놓고 누군가를 기다리

는 그녀의 몸이
살금살금 다가오는 시간을 기다린다

모든 사람에게 까맣게 잊혀 질 때까지
누군가 그녀의 잠을 깨워 줄 때까지

18.

변명

 그가 삼천 년 만에 지구에 돌아왔다 제일 먼저 찾은 곳은 시안과 북경 휘황찬란한 불빛에 휩싸여 사람들 속을 걷고 있다 흐뭇한 미소도 잠시 자신의 귀를 의심하며 다시 들려오는 소리에 뭐라고 대꾸도 하지 못하고 입을 꾹 다물었다 그리고는 무덤과 같은 침묵에 빠져 허우적거리기 시작했다

 아방궁을 짓고 만리장성을 쌓은 것이
 백성의 피를 빠는 짓이었다고

 그는 가슴 속에서 폭발하는 울화를 이기지 못해 달리기도 하고 사막으로 솟은 바다까지 뛰어오르기도 했다 그렇게 몇 날 며칠을 보낸 뒤에 겨우 진정을 하여 돌아오지 않는 시간을 끄집어냈다 그리고 이리저리 일기장을 뒤적이다 백성들이 인생의 슬픔에서 해방되기를 바란다는 말을 하지 못했다는 것을 깨달았다

 얼음 왕국을 불로 태운 스탈린보다
 더 혹독하게 치솟은 화산이었다며

그것이 이렇게 커다랗게 풍선처럼, 애드벌룬처럼 역사에 둘도 없는 폭군으로 날아다닌다고 생각하니 날이 훤히 샐 때까지 잠도 오질 않았다 사람의 행복이 신으로부터의 독립이라며 만리장성을 쌓고, 아방궁을 짓고 불로초를 찾도록 했던 것이 어찌 이렇게 큰 저주를 받아야 하는지 자신에게 계속 물었다

 가슴속에 숨어 있던 얼굴들이
 뱀처럼 기어 나와 그의 몸을 물어뜯는다

 아방궁을 짓다 만리장성을 쌓다 많은 사람이 죽었다고는 하나 그들은 인간의 키가 작다는 것을 느끼는 대신 부글부글 끓는 가슴을 가지고 죽었으니 인간으로 환생하고 싶어 하겠지만, 몸을 아무리 황금 정원으로 꾸며도 언제나 자신은 키 작은 사람이었다고 울먹이며 다시 시안과 북경을 찾았다

 그는 부글부글 끓는 물처럼 한숨을 푹푹 쉰다
 그리고 고량주를 들고 손을 부들부들 떨며
 공동묘지를 돌아다닌다

자신의 손으로 묻었던 사람들의 무덤을 돌며
술 한 잔씩을 올린 후 엎드려 절을 하고
눈물을 뿌리며 아득히 멀어진 시간을 향해 걸음을 옮긴다
전속력으로 달린다
걸어간다

19.

어린 등불

핏덩이 같은 아그가 말이여
눈을 시퍼렇게 뜨고 봉창에 매달려 있더랑께
아매도 사람을 찾는게비어
나가 잠을 자다 말고 산장을 빠져나오는디
워따, 워따 징하게도 시끄럽더만
웬 코는 그렇게도 드르렁거리는지
얼굴에 붙어 있는 단풍이 파랗게 질려
흙빛이 되어 덜덜 떨고 있는 것 같더랑께
가슴속에서 어머니를 깨울까 허다가
그냥 봉창에 매달려 있던 핏덩이를 바라보며
온 산을 두리번거렸단 말이여
그란디 아무리 돌아봐도 빈 곳이 있어야제
아니어 그냥 텅 비어 있었단 말이시
그래서 한참을 두리번거리니께
아그의 소리가 환하게 빛으로 번지지 않것어
나가 입을 벌리려고 허니께
손으로 입을 가리며 쭉 늘어선 산등성이를 가리킴시롱
지는 찌그러진 달이 되었지만 화전을 일구던 철쭉꽃은
 오래 오래 피어 있어야 헌다고 중얼거리는 것이 아니것
어

하늘과 산이 만나서 온 세상에 신음소리를 채워놓지 않음
저 많은 별을 누가 품에 안아 세상을 밝힐 것이냐는 거시여
그러나 저러나 그 소리
징허게 질데 그려

20.

나를 깨운다

 나의 허물어진 무덤에 잡초가 무성하다 칡넝쿨이며, 쇠뜨기, 쑥뿌쟁이가 봉분 위에 가득하다 까마득한 절벽이 가슴 속에 들어와 앞을 가리고 말도 몸속 깊이 기어들어 보이지 않는데 누군가 무덤 속으로 살금살금 걸어와 부드러운 손으로 흙을 파내며 온몸을 쓰다듬기 시작한다

 아, 호미도 없이 무덤 구석구석 잡초를 캐고 있는 사람
 나를 깨우는 사람

21.

악몽

아무래도 그 영감의 울음소리 같다
가슴을 쥐어뜯으며 얼굴을 붉으락푸르락 강짜를 부리는 것이
나에 대한 원망임이 분명하다
그렇지 않고는 나의 가슴속에 그렇게 오래 누워 뒹굴 리가 없다
이 가슴의 주인이 누구인데
말 한 마디 하지 않고 주인을 함부로 바꾸려고 하느냐는 듯
먼동이 훤히 틀 때까지 지나간 일들을 끄집어내
이리저리 뒤섞어 뒤범벅을 하여 떡을 친다
그리고 그 떡이 다 만들어지면 내 입에 들이밀며
총구를 내 눈에 고정시켜놓고 방아쇠를 당긴다
몇 번은 도망을 다녔지만
끈덕지게 따라붙는 그 영감의 울음소리에
결국 몇 번 잠자리에서 일어나 화장실에도 가고
창문을 활짝 열고 심호흡도 한다
다시 잠자리에 들어 잠이 설피 들려고 하면
꿈속으로 찾아오는 그 영감의 울음소리는
처량하다 못해, 구슬프게 가을의 문턱을 높여 놓는다

어쩔 수 없이, 아침이 되려면 아직도 멀었는데
책상에 앉아 방안에 몰려온 돌들의 시선을 모아놓고
새로 이사 올 주인을 부른다
눈이 뚱뚱 부은 영감은 헝클어진 흰머리를 긁적거리며
눈물이 그렁그렁한 눈으로 새 주인에게 하소연을 한다
자신이 이 집의 오래된 주인이라고
아무 잘못도 없는데 거처를 치우는 이유를 모르겠다고
지금 이렇게 버림받는 것이 억울하다고
나의 얼굴을 보다 새 주인의 얼굴을 보다
결국은 나의 끈덕진 설득에 텅 빈 주머니를 내어놓는다
얼마나 더 그가 찾아올지는 나도 모른다
그러나 그가 한 때 내 가슴의 주인이었다는 사실을
나는 잊지 않고 기억을 한다
 그리고 오늘도 주머니를 털어 텅 빈 그의 주머니를 가득 채워주고
 눈물을 닦아 주며 차를 태워 멀리까지 배웅을 한다

22.

요한 수난곡

내 몸 속 깊은 동굴 안으로
누군가 걸어 들어왔다
얼굴은 보이질 않는다
자욱이 깔린 안개 위를 서서히 걷는다
파란 가운이 바람을 일으킬 때마다,
어디선가 들려오는 방울소리
멀리서 말발굽소리 들린다

흰 두건을 쓰고
핀셋 하나를 들고
눈을 두리번거리는 사람

몇 억 년의 어둠이 길을 막아서는데도
정글 속의 원시림을 향해 발을 옮긴다
코끼리도, 고릴라도, 호랑이도, 코브라도
모두 불러놓고
내 몸 속에 바위로 굳어있는
이빨자국을 찾는다

내가 이전에 뽑은 못으로

오랜 세월 코를 훌쩍거리며
밥도 먹지 못했다는 사실을
알고 있는지

  여기저기 보이지도 않는 못대가리 주위를 어루만지기도 하고 문지르기도 한다 10년, 20년, 30년, 40년 아니, 50년 전의 못을 핀셋으로 꼭꼭 집어낸다 그리고 와사환자처럼 비틀어진 시간을 이리저리 붙여 정글 곳곳에 정원을 만들어 놓고, 백지처럼 잊고 있던 사람들의 가슴속으로 내 손을 잡고 걸어 들어간다 계곡물로 졸졸 흐르는 복숭아꽃들을 불러 집을 짓는다

23.

새가 된 소녀
 목사인 아버지와 계모의 학대로 죽은 소녀를 기림

누구를 찾아 왔을까 누가
그렇게도 보고 싶었을까
우리 집 담장 너머 매화나무 가지에
노란 새 한 마리 날아와, 온몸을 바르르 떨며
쏙독쏙독 영혼의 알을 낳는다
(소복이 담아 놓은 쌀밥 같은 추억 그렁그렁 매달고
잔설 속을 두리번거리는 소녀)
문자를 보내도 전화를 걸어도
대답이 없는 세상에서
몸을 불쏘시개 삼아 꽃으로 피었는가
하늘을 향해 부르짖는 소리
어머니를 부르는 소리
별이 되어 천 리 만 리 떠도는 소리
다섯 시간동안 몽둥이로 맞아 죽어가면서도
11개월 미라로 방에 갇혀 있으면서도
아버지를 용서해 달라고, 당신의 종이 되게 해 달라고
애원을 한다 애원을 한다… 애원을, 한다… 애원을
피울음 소리 하얀 꽃으로 피어
누군가를 애타게 부른다

24.

가을 황혼

 적군에 포위되어 폐허가 되어가는 성은 아름답다
 몇 천 년 뒤에 찾아올 고고학자를 기다리며 종말을 기다리는 마음으로 설레는 것들
 살금살금 들어 와 숨어있던 군사들이 하나 둘 고개를 들고 아우성으로 일어서는 길에서 미처 숨지 못한 들녘이 노랗게 영글고, 천의 얼굴을 한 산들이 모여 하나가 되어간다
 이 때 이슬은 무엇을 찾아 내리는가
 들꽃 같은 불들이 반짝이며, 반짝이며 일어선다
 싸늘하기만 하던 시멘트 길 위에도 다정함이 깃들면 멀리서부터 한 집 또 한 집, 짐을 싸서 먼 길을 떠나는 뒷모습이
 황혼에 물든 폐사지의 탑처럼 눈물겹구나
 대낮을 지키던 돌도, 햇빛에 몸을 의탁하던 나무도, 풀도 존재를 감추려드는 사이에 적군은 모두 옷을 갈아입고 만세를 부르며 둥지를 튼다
 여기저기 소리도 없는 총성이 전등불로 켜지고 연못 속으로 쏟아진 포성이 줄줄이 늘어서 연인들을 기다릴 때, 오랫동안 잊고 있던 손님이 조심조심 내 뒤를 따른다
 적군에 점령당한 성을 도는 것은

잊힌 사람을 찾아 추억을 되돌려주는 일
사람아, 저기 폐허가 되어 사라지는 것들을 보라
적과 한 몸이 되어
모두 하나가 되어가는 것들을 보라

25.

아무르강가의 작은 마을
눈으로 내리는 정인에게

순록의 떼가
썰매를 끌고 온다 셀 수도 없이, 셀 수도 없이
천지에 까맣게 내리는 폭설
빌딩이 사라지고,
길이 사라지고,
사람마저 사라진 도시를 입에 물고
까마귀 떼가 날아오른다 끝도 없이 이어지는
흉흉한 소문처럼, 소문처럼
세상에서 가장 슬픈 레퀴엠이 울려 퍼진다
사냥꾼들이 쏘아대는 총소리가 피로 흘러내리는데 벌거숭이 어린 천사들이 흘린 눈물이 강물로, 강물로 흐른다 사랑만 받아도 모자란 시간을 학대로만 살다간 아이의 영혼이 (삶을 체념한 것처럼 본) 온 세상을 덮는다 소아과 의사에게마저 못다 한 말이 아무르강가의 작은 마을로 하염없이 흐르는 것일까

16개월 어린 몸에 박힌 피멍자국이 자신을 버린 어머니도, 매로, 주먹으로, 손바닥으로 자신의 가슴에 수많은 못을 박은 양어머니도, 살을 준 아버지도, 죽음을 지켜만 보는 의붓아버지도, 신마저 사라져버린 사회도 용서한다며, 용서한다며 피의 예수처럼 흐느끼고 있다

26.

유언장

설교시간 내내 한 마디도 들려오지 않았다
사람들의 얼굴이 하나도 보이지 않는다 안개 자욱한 눈으로 어딘가를 향해 끝없이 걷고 있다
(30여 년 전 남편을 여의고
3남 1녀를 홀로 키운 어머니[78세의 그녀]가
혼자, 난소암으로 죽어가며 남긴
유언장)
어디에 있는지도 모르는 나를 찾아 우주 곳곳을 돌아다니며 무의식의 심층 속에서 과거의 시간을 샅샅이 뒤진다
나는 어디서도 찾을 수가 없는데
아, 내 몸의 껍질을 빙빙 돌고 있는 말

'자네들이 내 곁에 있어서 열심히 살 수 있었네. 딸애야, 큰애야, 둘째야, 막내야! 다시 만날 때까지, 다시 만날 때까지
잘 지내다오…' 잘 지내다오…

27.

아버지의 뒷모습

황금 햇살이
이슬비로 내린다 옥색 물감을 들인
무명저고리가 바람의 등에 업혀 있다
등꽃 향기의 포로가 되었을까
다디단 소주잔 속으로
얼굴도 가물가물한 아버지가 걸어오신다
'내가 두고 간 폐자재가
그대로 남아있구나 아니, 어디서 이렇게
잡동사니들을 주워 모은 것이냐'
입을 굳게 다문 아버지가
내 몸을 구석구석 살핀다
무너져가는 방을 뚫어지게 바라보기도 하고
벌레가 슬고 있는 기둥을 여기저기 만지작거리며
꿀벌들이 잉잉거리는 등나무 그늘 속을 서성인다
내 등을 어루만지는 가시 손 위로
황토물이 주르르 흘러내린다
아무리 두리번거려도
보이는 것은 하나도 없는데
사라져 가는 내 가슴 속을
걷고 있는 아버지의 뒷모습이

소리 없는 소리로 폭발하는 풍경이
꿀벌들처럼 윙윙거린다

28.

발견

해가 말이제
한여름 무화과나무 잎만큼 올라와 있었당께
아매, 거그가 누군가 말헌 천국인 게비제, 천국

크고 작은 바위들이 합창을 부른다
양들은 풀을 뜯으며 동화를 쓰고 있다
하늘을 찌르는 절벽에
새끼 양 몇 마리 발을 버둥거린다

사해로 나가는 길이 희미하게 꿈틀거리는 절벽
앙앙 불불 매달리듯, 몇 그루 나무 사이로
시든 풀들이 입구를 가린, 굴이 기어 나온다
뼈만 남은 예언자가 주위를 훔쳐보고 있다

(내 이름, 내 이름을 몰라,
모하메드 에드 디브,
베두인 양치기란 말이여)

 금 항아리가 눈에 어른거리며 빛이 내 몸속으로 들어온다

손바닥에 피가 흐르고 무릎이 수없이 긁혀 나를 볼 수 없다
누더기 옷이 너덜너덜 찢겨나가고 헤진 신발도 바닥으로 툭 떨어진다

언제부터 갇혀 있던 햇빛일까 손이 부르르 떨린다
시커먼 어둠이 재빠르게 달아난다
수십 개의 항아리에서 나오는 연기
파피루스 냄새가 코를 콕콕 찌른다
나달나달한 종이에 남아있는 글자들이 하늘을 날기 시작한다

한 아름 가슴에 안고 신발 가게로 달려갔지 뭐여
신발 한 켤레, 동전 몇 개 받았는디
내 가슴에 오지게도 큰 해가 뜨더란 말이시
고깔부대 아니, 나팔부대가 춤을 추고 있더랑께
(이천 년 전의 하늘이 활짝 열리며
천사들이 날고 있었네)

29.

저수지

어머니가 한 평생 입고 온 몸을 벗어버리자 나의 몸도 파랗게 멍이 들고 말았네 그래서 나는 몇 날 며칠을 일어나지도 못하고 '빈방의 어머니'라는 시를 쓰며 눈물을 닦았지 그리고 그 시를 어머니의 마지막 길을 보기 위해 오신 분들에게 모두 보내 드렸어 '저수지'라는 제목으로 나의 눈물을 가득 담아 가슴 절절한 인사를 담아 보낸 것이었다네 누구나 허락을 받지 않아도 쓸 수 있는 글이었지 그런데도 나는 그 시를 어머니에게 마지막 바치는 헌시로 간직하고 싶어서 내 시집에 슬며시 집어넣었어 그리고 시의 제목도 '빈방의 어머니'라고 바꾸어 버렸네

　가방을 들고 방문을 열었습니다

　항상 누워만 계시면서도
　이때만 되면 지그시 눈을 뜨고
　살짝 미소를 머금던 어머니가
　보이질 않았습니다

　반쯤 열린 창문으로
　꼬리가 보이지 않는 허공이
　방안을 기웃거리고 있었습니다

뒷재에서, 곰재에서 그리고 동구 밖에서
자취도 없이 사라진 가오리연들이
나비처럼 손짓을 하며
하늘 끝으로 날아가다 눈물 속에 고입니다

미소 가득한 영정이 검푸른 저수지로 다가옵니다

어머니 하늘 가시는 길이
흰 구름 속 아득하기만 한데

아, 당신의 손길
하나 둘 별로 돋고 있습니다

- 「빈방의 어머니」. 『환한 물방울』

 그 때 나는 하늘나라가 있기나 한 것인지 고개를 갸웃거렸지 다시 어머니를 만날 수 없다는 생각으로 몸서리치고 있었어 그런데 내가 걸어온 길을 돌아보니 죽었던 내가 보이지 않겠나 그 뭐랄까, 세상 속에서 나를 지워가는 모습 말이네 그 때마다 내 곁에서 넘어진 나를 일으켜 세워 주던 사람이 보였지 그래서 내 가슴 속에 있는 계란이 익어가다 말고 금이 가기 시작했다는 생각이 들더란 말이네 그리고는 어머니가 누군가의 손을 잡고 걸어가는 모습이 무척이나 황홀했어 지금 어딘가에서 나를 안타깝게 바라보며 기다리고 계실 것이라는 생각이 들더란 말이네

30.

바다의 창 1

히틀러가 지배하고, 스탈린이 지배하는 세계
그리고 김일성과 모모가, 모모가 지배하던 나라
세계대전과 남북 전쟁의 상처가 흐른다

 이레도 다 지내지 않았을 때, 내 몸에서 육이오가 일어났다 전쟁은 26년이나 계속되었다 1년에 100여 일, 고름에 파묻혀 살아야 했던 만성중이염 수술로 전쟁을 끝낸 뒤에도 남북의 대치는 계속 이어졌다 고막에 난 굴로 소리가 들어오는 길이 막혀 혼란을 일으켰다

 육이오가 계속되는 동안 내 몸에서는 오스트리아가 일으키고 독일, 헝가리, 오스만제국의 동맹국과 미국, 영국, 러시아 등의 연합국이 싸웠던 1차 세계대전이 일어났다 헤르체코비아의 수도 사라예보보스니아처럼 뇌염모기가 포격을 가해왔다 잿더미가 된 도시, 폭탄으로 사라져 버린 건물엔 잡초만 벌 떼처럼 모여 뇌의 장애로 다가왔다

 1차 세계대전으로 황폐해진 내 몸에 다시 남북 간의 국부전이 계속되었다 홍역으로 몸이 황폐화 되고, 큰 누이가

하늘을 끌어안고 저수지로 들어간 후, 고향을 떠난 우리 가족은 도시 변두리를 전전했다 그 때부터 나는 보이지 않는 나비가 되어 날아다니기 시작했다 질경이가 엉킨 길 위에서 다리를 두 번이나 부러뜨리면서도 날개를 파닥였다

   그러다 상처를 안고 절룩거리며 끝이 보이지 않는 호수에 깊게 빠졌다 온갖 더러운 물을 뒤집어쓰고 몸속에 버러지, 독충, 거머리를 키우며 무솔리니와 히틀러를 만났다 이탈리아의 파시즘, 독일의 나치즘과 일본의 황국주의처럼 나를 무차별로 공격해오는 내 몸속의 2차 세계대전 독일의 폴란드 침공으로 이십 년이 넘게 뒤를 흘끔흘끔 바라보며 잠도 제대로 자지 못하고 동굴 속으로 계속 들어갔다 쫓아오는 사람은 없는데 지팡이를 짚고 세상 밖으로 세상을 찾아 도망을 갔다

   그 뒤로도 내 몸속에서는 미국과 소련의 대치, 미국과 중국의 대치, 남북 간의 대치는 끊이지 않았다 작은 누이가 암으로, 아버지가 뇌졸중으로, 어머니가 치매와 관절염으로 돌아가셨을 때 나는 다시 고아가 되었다 그래서 나는 사막으로 떠나는 기차를 탔다 모래더미 속에서 쓰러지기를 수백 번, 황량한 바람을 헤치고 산을 넘고 하늘을 넘어 더 이상 일어서서 걸을 수 없을 때 누군가 나에게 다가와 손을 내밀었다

   그러자 내 몸에 작은 풀씨가 날아들었다 조금씩 초원의 키가 자라며 벚꽃도 피었다 지고, 진달래 개나리 목련도 얼굴을 내밀었다 그리고 언제부터인지, 내 가슴속에 들꽃이

모여들어 햇병아리처럼 오글거리며 봄을 키우기 시작했다

 아내는, 내 몸속으로 누더기를 걸친 아이가 걸어간다고
한다
 누군가의 손을 꼭 잡고 과일과 곡식이 익어가는 들판을,
꽃이 만발한 정원을

31.

바다의 창 2

그를 보는 순간,
내 몸엔 화개동천 벚꽃길이 활짝 열렸네
세 줄기의 거대한 폭포
응결된 몇천 년의 꽃무늬
망사 치마처럼 짜 놓은 축 늘어진 껍질
깊은 바다 속 거북이의 등가죽까지

그는 언제나 내 길 앞에 있었네

그런데 언제부터였을까
그는 밤마다 누군가를 나에게 보내
잠을 갉아먹기 시작했네

 며칠 건너 한 번씩 침대에서 떨어진 뒤로 내 몸무게도 부쩍 늘었네
 아침이면 얼굴에 묻어 있는 숯검정을 지우고 시도 서둘러 정리를 하며
 몰래 아들에게 당부의 말도 남겼네

그때 어머니가 유물로 찾아오시고 아버지도 사진으로 돌아오셨네

　영정사진을 찍기 전에 지근거리는 돌을 돌집에 돌려주고
　검은 산이 숨어 있는 돌을
　방 한쪽 구석에 들여 놓았네

　아, 있는지 없는지도 모르는 산
　(내 몸속을 돌아다니며
　꽃을 찾아 두리번거리네)

32.

바다의 창 3

  길이 하늘을 옆에 끼고 산을 돌아나온다
  마을 앞 골목을 지나 바다를 연다
  도로 위를 비틀거리며 바다를 끼고, 하늘을 끼고, 산을 돌아 나간다
  들꽃들이 퍼뜨린 소문이 온 세상을 품에 안고 어깨춤을 춘다

33.

바다의 창 4

가슴 속에 손바닥만 한 어머니의 사진이 남아있다

그 속엔 사람의 발자국도 찾을 수 없는 초원이 꿈틀꿈틀 걸어간다

얼룩말들이 달려가고 사슴들이 커다란 나무 사이에서 눈을 두리번거리고 있다

어슬렁거리던 짐승들도 모두 떠난 풀밭 한가운데로 시냇물이 졸졸 흐른다

평원에 황혼이 내려와 집을 짓고 나비가 나풀거리고 있다

벌떼가 잉잉거리고 술에 취한 꽃들이 꽃가루를 날려 보낸다

어머니의 사진이 풍선처럼 애드벌룬처럼 날고 있는 꽃밭으로 온갖 새들이 모여 군무를 추고 있다

나의 가장 친한 친구
패트리어트 맨, 등짝에 붙어있던 코끼리의 흉물스런 가죽이
외눈박이 코뿔소처럼 붙어 다니던 두 개의 이마가
고릴라의 납작 주저앉은 코가
그리고 낙타의 구부러진 허리가 보이질 않는다

34.

바다의 창 5

 내가 석양에 빨갛게 물들어가며 골프연습장 앞을 지날 때 어디선가 여자아이의 쌔근거리는 소리가 들려왔다 너무도 작은 소리에 그냥 지나칠 뻔한 등꽃들이 들려주는 소리를 듣기 위해 잠시 귀를 세우자 벌떼가 봄볕처럼 날아왔다

 바람의 길을 보지 못해서였을까 까마득히 멀어진 길속을 걸어 나오고 있는데 우리 집에서 기르던 강아지가 낑낑대고 재재거리며 앞으로 나왔다 뒤로 물러 섰다를 계속했다

 앞 냇가에서 물장난을 치며 비릿한 오월을 풀어놓던 여학생들의 웃음소리도 몸을 조여 오기 시작하더니만 순식간에 유월의 장미로 다가와 내 몸을 꼭 껴안았다 (그 자리에서 꼼짝도 하지 못한 채 무르익은 여인의 몸에 갇혀 얼마를 기다렸을까)

 몸속에서 새어나오는 잔잔한 노랫소리, 등불 아래서 책장을 넘기는 소리, 쌔근쌔근 잠속의 꽃밭을 거니는 소리에 해가 발딱 서산을 넘어가는 지도 모르고 꿈을 꾸고 있을 때

어디에 숨어있었는지 나비 떼가 치마를 펄럭이며 망망 초원을 붉게 물들이고 있었다

35.

손님

가을이
홍시로 농창하게 익어갈 무렵,
갈 곳 잃은 너는
알몸으로 나를 찾아오지
낙엽이 지고 눈이 까맣게 내린 뒤에도
떠날 곳이 없는 너는
내 곁에서 쉴 새 없이
알 수 없는 말을 옹알이네
하늘에서 듣고 온 이야기,
전설로만 남은 고대 문자처럼
적막의 소리가 되어 세상을 떠도는데
내 가슴속에 바람으로 다가와
무너져가는 집에 텅텅 못을 박는군
둥근 달을 보다 품안에서 잠들기도 하고
별이 카랑카랑한 빛으로 내려올 때면
온몸을 틀며 소리소리 악을 쓰며
누군가를 찾는, 길 잃은 아이

─베들레헴의 별을 따라 이천 년 넘게 세계를 떠돌다 동쪽 하늘의 쌍무지개로 떠서 내 몸속의 비석도, 탑도, 상처

의 집까지 모두 지우며 훨훨 날아간다.

36.

수반 위의 돌

퇴화해버린 발로 꿈을 꾸고 있다
온 힘을 다해 모래를 밀어낸다

아무도 밟아보지 못한 시간 위에 서서 하얗게 울부짖고 있다

부활

설원이
계곡을 기웃거리며 길게 발을 뻗었지
등에 무거운 짐을 지고
꽁꽁 얼어붙은 비탈길로 미끄러지고 있었어
쿵쿵
발바닥이 갈라지고 무릎이 깨져 피가 옷을 적신다
보이지 않은 풀포기를
맨손으로 움켜잡으며
바위틈을 두리번거리는군
빙벽과 마주 서서
사라진 지문을 찾고 있네

  책장을 넘기자 오래된 종이 냄새가 곤한 잠을 자던 어린 시절의 방처럼 가슴 속을 파고들어온다 나는 그 방 안에서 겨울을 나기로 하고 버리지 못하고 지고 온 짐을 하나 둘 풀기 시작했다 톨스토이의 부활이 불개미보다 더 작은 글씨로 내 몸 속을 뿍뿍 기어 다니던 날, 나는 그 노인을 다시 만났다 걀걀거리며 거친 숨을 내뿜고 있던 노인이 일어서지도 못한 몸으로 바가지를 들고 샘물을 퍼내고 있다 썩은 냄새가 풀풀 나는 샘 속에서 자신의 몸보다 큰 쥐 한 마리를 잡아놓고 히죽히죽 웃기도 하고 대성통곡을 하기도 한

다 그리고 물이 다 차오르는 것도 보지 못하고 이웃을 불러 손을 하나하나 만져 주고는 숨을 거두었다

   방 안으로 봄볕이 들어왔네
   시냇물이 흐르고 봄꽃이 만화방창 춤을 추기 시작했지
   개미처럼 기어가는 풀꽃부터 왕관을 쓴 장미까지
   온갖 꽃들이 모여 무어라고 속삭이고 있어
   잎이 돋는 나뭇가지마다
   새들이 날아와 날개를 파닥인다
   구름이 뭉게뭉게 피어오르는 파란 하늘로
   향기가 치솟아 오르고 꿈속으로 사라진 사람들도 찾아와
   별꽃으로 피기 시작하는군

   누가 가꾸어놓은 정원인지도 모르고 술에 취한 듯 비틀거리며 걷고 있다 어디선가 들었던 목소리들이 내 귀를 파고든다 그 때 하얀 나비가 내 어깨에 사뿐히 내려 앉아 금빛 가루를 털어내며 꽉 닫힌 문을 연다 봄의 정원 속으로 모여든 영롱한 빛들이 날개를 파닥이며 날아오르는 아침

주홍꽃 雪景

어둠이
군고구마처럼 익었구나
별이 소나기처럼 펄펄 끓고 있구나
내 마음 골짜기, 골짜기
수천 년 잠들지 못한 마을 터에
눈이 펄펄 내리는데
설중매 주홍향기
누구를 찾아 초롱송이초롱송이 집을 짓는가
아, 주렁주렁 열린 그리움의 눈물이여
설매헌의 새벽빛이여

셋

바위는 산책 중

그가
내 머릿속에서 음악을 듣고 있다
사진첩을 한 장 한 장 뒤척인다
무엇을 찾고 있는지
사진 속 풍경에 빠져
한참을 허우적거리다
가위를 들고 통째로 오려놓는다
가본 적이 없는 마을 속 풍경은, 닮은 곳을
찾을 수 없는데도, 모두 하나인 듯
내가 숨어있다

황금 연못

해 질 무렵,
소나무 숲길을 따라 마을이 올라오네
동무들과 함께 만든 추억의 바구니 속으로
더듬더듬 엉금엉금 기어든
베토벤의 장엄미사가
종소리처럼 울려 퍼지네
솔잎마다 쨍그랑쨍그랑 매달리는
황혼의 포도송이
신의 음성이 영롱한 보석 같이, 빨간 석류알 같이
방울소리 딸랑이며 모여드네

호수

그 집에서는 항상 피아노소리가 들려왔다
쇼팽의 녹턴 1번이나 2번이 맴돌고 있다

아무리 밤이 깊어가도 어둠이 보이지 않는 집

누군가 방안에서 춤을 춘다
그림자들이 하나 둘 움직이기 시작한다

꽃이 앞마당에 가득 피어있는 집

다시 음악이 들려왔다 쇼팽의 녹턴 5번 8번 13번 그리고 20번
집도 사라지고 아이도 사라지고 등불도 사라진 호수 속에서 별들이 꿈을 꾼다

작은 방

 무너진 담장엔
 지금도 찔레꽃이 하얀 치마를 팔랑이며 별 나비를 불러 들이고 있을까

 울타리 곁에서 방실방실 웃음을 입에 물고
 나를 기다리던 함박꽃도 그대로 피어있을까

 해가 지기 전에 침을 살살 발라 뚫어놓은 문구멍으로
 별들이 수북이 모여들어 빨간 장미로 피던 방

 앉은뱅이책상에 살짝 내려앉은 그림자가
 낭실낭실 봄바람에 실려 오는 이야기처럼 감나무 가지마다 초록 잎 무성한데

 보름달은 중천에서 얼굴을 살짝 가리며 대숲의 소곤거리는 소리로 다가와
 보이지 않는 오솔길로 아련히 멀어진다

연초록의 눈

베토벤의
첼로소나타 3번 속에
무등산이 서성인다
팔등신의 몸을 타고
하늘 높이 날아오르는 비명
곡선의 절정에 숨어있는
호수가 꿈틀거린다
형형색색의 아이들이
작은 눈을 뜨고
누군가를 찾는가
싸리꽃, 개나리꽃, 진달래꽃
앙증맞은 보랏빛 야생화의 눈망울 속에서
흰 구름이 치맛자락을 나풀거리며
다가온다

철새

상형문자들이 꿈틀거린다
파란 하늘에 와글와글 모여드는
고대인들의 꿈
흰 구름으로 흐르다
검은 구름으로 몰려들어
연등을 켠다
홍시처럼 무르익은,
가을날의 축제
뜻을 모르는 사람들이
망원경을 쓰고 쫓아가면
끼루룩끼루룩 호수 위에 호수보다 더 큰 집을 짓는다
아무도 모르는 소리로 흩어지는 깊고, 먼 나라
누구의 꿈인지도 모르는 황홀함이
마을 곳곳에 저녁노을로 물이 드는데
하늘에 풀어놓은 사연 전서체로 몰려온다
무인도의 해송 숲을 건너온 고단한 하루가
텅 빈 대나무밭에 오금이 저리게 흘러내리고
어둠이 서서히 갈대숲으로 기어들어
잃어버린 시간을 찾아 하나 둘 별이 돋을 때
적막이 몸살처럼 몰려와
누군가에게 편지를 쓴다

빗방울의 여정

실 같은 목소리가
동굴 속에서 끊어질 듯, 이어지며
창문을 두드린다
종류석의 잠을 깨운다

몇억 광년을 달려왔을까
피난을 가는 개미 떼처럼, 빗방울 속을
끝도 없이 기어가는 별

우주의 파란 옷을 벗고 벌거숭이 아이로 톰벙거린다

어둠에 싸여 길은 길로 끝없이 이어지는데
사라진 시간을 호수 속에 가득 모아 놓은 보석이
이글거린다 아,

설산으로 서성이는 비
바다를 돌아 나오는 비
심연을 향해 걷고 있는 비
비!
비!
비!

연못 속의 마을

1월

앙상한 가지마다 푸른 잎 가득하다
물오리, 청둥오리, 원앙오리 무리시어 놀고 있다

늙은 수양버들, 축 늘어진 가지 나풀거리며
살얼음 밑으로 모여든 그림자들 속에
사라진 집들을 불러모은다

나뭇가지 위에선 소문처럼 까치가 퍼뜨린 노을, 빨갛게 익어 가고
구구거리던 비둘기 떼, 화들짝 허공으로 흩어지며 어딘가로 날아간다

호수 깊이 숨어있는 마을이 수묵화로 피고
하늘에서 연초록 얼굴들이
똑 똑 떨어진다

2월

버드나무가지 끝으로
땅 속에 숨어있던 생명이 새까맣게 기어오른다
푸른 하늘이 거친 호흡으로 출렁이며
일어서려고 몸부림친다

어스름이 홍학 떼의 깃털로 내려앉고
눈을 살짝 뜬 개나리꽃이
벌거숭이 새 떼처럼 조잘거린다

오리 한 마리 날개를 파닥이며 어둠으로 물이 드는 석양
누가 적토마를 타고 달려오는지 꿈속에 깊게 빠진 전쟁터에
수만 년 전의 적막이 숨을 몰아쉰다

3월

하늘이
꾸벅꾸벅 졸다 푸른 책보 하나 떨어뜨렸나

수양버들이 빙 둘러서서
그물을 던져놓고 먼 산만 바라본다

누군가 작설 같은 입을 삐쭉삐쭉 내밀며
가지 끝에 바람을 불러 모은다

음란한 춘화가 내 몸을 여기저기 더듬기 시작한다

 눈을 동그랗게 뜬 달이 황금추로 호수 속의 밀어를 끄집어내는 초야
 갓난아이의 살냄새가 물씬 코끝에 매달린다

4월

누구일까
쉬지 않고 맷돌을 돌리는 사람
말랑말랑 익은 햇볕 속에서
콩가루 같은 이야기를 갈며
감춰 놓은 시간을 끄집어내 꽃으로 피고 아지랑이로 걷는다
지구의 중심을 숨죽이며 걸어온 연초록나뭇잎들이
자꾸만 내 곁으로 그림자를 늘어뜨리는데
바람의 살랑거리는 치마 속에 숨어 엉덩이를 살짝살짝 두드리며
춘곤증으로 다가오는 그대

5월

소리 없는 폭죽소리, 하얀 폭죽소리
연못에 핀 폭죽소리
파란 꿈을 모으는 폭죽소리

연잎은 함초롬히 비에 젖어 산돌처럼 입을 벌리고
다이아몬드 광산이 되어 가는데
희부연 오월의 하늘을 향해 하늘의 말로 다가오는
폭죽소리

6월

귓속에서
외마디 비명이 기어나오네 개미 떼가
피난민의 행렬처럼
끝없이 이어지네
길은 보이지 않는데, 아득한 산등성이로
장맛비만 우두둑우두둑 소리를 내며 걸어가네
천리나 되는 마음속을 한없이 기웃거리네

7월

매미가
뇌를 통째로 먹어버렸나

눈을 파먹고 있나

사막이 귓속에 모여
낙타의 여행길이 발끝까지 이어지는 오후

하늘로 날아오른 내가

미처 뚜껑에 못질을 하지 못한 관처럼
파란 바람 위를 살금살금 흐른다

8월

연꽃송이
연꽃송이
별빛 고이 잠든 연꽃송이
숨 막히는 입김으로
다가오는
연꽃송이

연꽃송이, 연꽃송이
송이송이 떠도는
연꽃송이
고추잠자리 수틀 속 연꽃송이

멈칫멈칫 가슴속을 서성이며
멀리서 가까이서
코스모스 꽃으로 피는
연꽃송이

누군가의 치맛자락에 싸여
땅 끝까지 걷고 있는 연꽃송이
연꽃송이

황진이 엉덩이 같은 연잎 위에

바위산 적막으로 핀
연꽃송이

9월

연못
가장 깊은 골짜기

눈물 속에
꼭꼭 숨은
마을이여

마을이여

추억이 병아리 떼로 모여
종종거리는 시간이여

10월

비단 발자국들이 모여
꿈틀거린다
단풍 속 가을처럼
발이 푹푹 빠진다
파도는 어디서 새까맣게 산을 넘어오는가
나비의 꿈이 산국 향기를 불러모은다

11월

하늘이 고여 있다

수줍음을 입에 가득 문 보름달이 돌담을 기웃거린다

별들이 흰 구름 치맛자락에 숨어 숨바꼭질을 한다

사막처럼 눈을 뜨는 호수 아이의 눈동자 같은 호수

우주 밖에서 온 손님이 가로등 불빛으로 졸고 있는 호수

12월

사람이
살지 않는
마을

물소리도, 새소리도
들리지 않는
마을

절벽 속에
꼭꼭 숨어 있는
마을

개미집 같은 추억이
우글거리는
마을

그림자도 없이
그림자만 출렁이는
마을

돌담

절집 돌담길로 소풍 나온
홍매화 한 그루
붉은 가사를 두른 고승이 되어 걷고 있다
봄볕 속에 깊게 빠져든 이야기
야생화로 피는데
계곡물 소리 살금살금 다가와
귀를 쫑긋 세운다
어딘가에 감추어 놓은 얼굴
대웅전 안을 기웃거리며
그림자를 모으는가
흰구름으로 산허리를 감고 돌던 아득한 시간
푸른 졸음으로 내려앉아 작설 향을 깨운다

해일이가 폭포수가

 남해 섬, 남해 섬, 길만 길을 따라가는 바닷가
 어질 머리 빙빙 도는 마을 하나

 햇볕 속에 웅크리고 앉아 누구를 애타게 기다리는지 젊은 아짐 황토밭에 긴 호미 살짝 꽂아 놓고 앞 들 멀리 바다를 싣고 통통거리는 작은 배 이리저리 살피다가 앞 눈 슬쩍 뒷눈 살짝 주춤주춤 몸빼 바지 내린다

 깜짝 놀란 개불알꽃들 눈을 동그랗게 뜨고 허둥지둥 일어서는데 개미들이 (해일이라고 폭수라고) 이리 비틀 저리 비틀 몸을 숨긴다

 (먼 먼 제주 바다를 밀고 올라왔을까
 깊은 지리산 골짜기를 돌아 나왔을까)

 벚꽃들은 소리 없이 온 세상에 하하하 웃음을 쏟아 놓고, 진달래꽃 수줍음을 감추다 얼굴 붉히며 산속으로 고개를 돌린다

 개나리꽃을 살금살금 따라온 유채꽃들이 여기저기 모여 앉아 작년에 입맞추던 나비 소식 아직도 돌아오지 않는다

며 푸른 하늘 속으로 들어가 노랑 물결 출렁출렁 가슴을
연다

  꾸불꾸불 좁은 길, 돌아도 보지 않고
  산속 깊이 이리저리 숨고 있는 섬

옛이야기로 매달리는 마을

도랑물이 꼬리를 치며 산을 돌아나간다
바위틈 사이로, 바위틈 사이로 가재가 기어가고
툼벙 안에선 올챙이들이 푸른 하늘을 끌고 꼬리를 친다
냇가에 모인 아낙네들의 빨래방망이 두드리는 소리
아장아장 걷고 있는 아이들의 손을 잡는다
오솔길로, 골목길로, 들길로 쏟아져 나오는
숙모, 고모, 이모의 목소리
개나리꽃 삐약삐약 걸어가고
진달래꽃 해죽해죽 웃는다
눈구름으로 피어오르는 매화꽃
새콤달콤 눈을 흘기는 산수유꽃
벌떼처럼 와글와글 윙윙거리는 벚꽃
살구꽃, 복숭아꽃, 앵두꽃, 주렁주렁
옛이야기로 매달리는 마을

보이지 않은 길

 할머니가 뒷짐을 지고 꼬불꼬불 걸어간다
 언덕을 넘고 산을 돌아 시내를 건넌다
 낯익은 마을이 걸어 나와도
 쉬지 않고 발걸음을 옮긴다
 아지랑이가 길가에 나와 고쟁이를 내리고 오줌을 질편하게 싸고
 보라색 들꽃들이 수줍음을 감추기 위해 자꾸만 고개를 숙이는데도
 어딘가를 향해 끝없이 걷는다
 아랫마을 꽃님이 누이 엉덩이 같은 해가 손으로 눈을 가리는 길
 아무도 몰래 시냇물을 따라 내려온 푸른 하늘만
 나뭇잎으로 반짝이며 속절없는 그리움으로 피고 있는 길
 찔레꽃 하얀 속옷 차림으로 춤을 추고
 달맞이꽃 노란 저고리를 입고 휘파람을 부는
 길

단풍 꽃

절을 향해 내려오는 가을산은 오색 난장판이다
꽹과리소리, 징소리, 북소리, 장구소리 추석대목에 시골장으로 찾아온
품바의 소리 가득하다

승선교 건너 강선루에 오르면 고막이 터질 듯한 함성

오십 년 넘게 몸속에서 잠을 자고 있는 얼굴들이 한꺼번에 몰려나와
이 길, 저 길, 가보지 못한 마을 문을 연다

두근거리는 가슴, 화끈거리는 얼굴로 슬그머니 그녀의 손을 잡았던가 보이지 않는 미소가 노란 은행잎으로 나풀거리며 다가왔던가 교교한 달빛의 신음소리, 반짝이는 별들을 감싸 안고 또르르 굴렀던가

낙엽이 한 잎 또 한 잎 어둠의 덮개를 걷어내며 미끄러진다

노란 풍금

지그시 눈을 감은 안개가 벌거벗은 몸으로 누워있다
금방이라도 음부가 나를 덮칠 것 같은 골짜기
여인의 살결처럼 보드라운 빗방울이 우산 위로 살금살금 기어간다

솜털 같은 몸을 숨기고, 뻐꾹새의 눈물로 다가온 메아리가, 가슴속에 핏방울을 떨어뜨린다 벌거숭이가 된, 단풍이 진, 노란 속옷을 걸친, 파란 외투를 입은, 주황빛으로 무르익은 겨울 나그네가 다듬이 소리로 걸어나온다

입가에 미소를 머금고 살짝 뒤를 돌아보는 사람
노란 풍금을 치는 사람

겨울날의 서정

함박눈이
세상을 끌고 어딘가로 길을 연다
몇 채의 목재주택이
웅크리고 있는 산 밑
기적소리 여운을 남기고 멀어진다
벽난로 가에 앉은 노부부가
창밖을 바라보며
적막을 샘물처럼 긷는다

하얀 강아지 두 마리, 등에 발을 올리기도 하고 혀로 얼굴을 핥기도 하며 시간을 희롱하는데, 먼 산만 바라보던 할아버지가 옛날이 구물거리는 벽난로에서 군고구마를 꺼내고, 밖을 살피던 할머니는 하얀 쌀밥을 담은 밥그릇을 상 위에 가득 올려놓는다

연통을 빠져 나온 연기가 추억을 살금살금 불러 모으는데, 증기기관차가 눈 덮인 벌판을 달려가던 시간처럼, 고요함에 금이 간다 대 숲이 술렁이며 비둘기 떼 하늘로 날아가고 개 짓는 소리를 따라 모여든 허리구부정한 세월들이 방 안에 빙 둘러앉는다

어둠으로 발 디딜 틈 없이 캄캄한 겨울

오후 내내 땅콩을 까먹은 노인들의 이야기가
창밖으로 새어나와, 눈 덮인 들판을 향해 끝없이 걷는다
아이야, 어미야, 소복소복 쌓여가는
겨울날의 서정

보름달을 가슴에 품고

아이가 잠들어 있다
유모차 안에서

보름달이 슬며시 가슴 속에 숨어들었을까

연못으로 날아든 단풍의 꿈이
푸른 하늘을 노을빛으로 물을 들인다

첼로 소리 나비처럼
브람스의 어깨에 걸터앉아 어딘가로 걷고 있는데

가로등 밑으로 숨어든 숲의 그림자가

수묵화를 그리다 말고
무언가 골똘히 생각을 한다

퐁당퐁당 깊이도 모르고 빠져든 별들이

보름달 주위로 걸음을 옮기며
아이가 잠든 유모차 안을 살며시 기웃거린다

다람쥐 한 마리, 오리 가족의 풍경이 되어

몇억 광년의 이야기 속을
두리번거린다

몸속의 동굴

내 몸엔
커다란 동굴이 하나 있지
우주가 살고 있는 동굴
사람의 발자국 하나
찾을 수 없는 마을에
별들이 꽃으로 피네

어떻게 빛이 들어오는지 구름 한 점 없는 하늘 아래
보이지 않는 사람들이 모래바람처럼 움직이고 있군
그림자도, 소리도 없이 술렁이며 낯선 세상을 만들고 있어
바람이 전해주는 소식을 찾아
귀를 세우고 사방을 두리번거리는
사람들

새벽 기도회

하늘이 꽉 차 있다
구름 한 점 보이지 않는다
별들의 기도소리

이글이글 일렁인다
하현달 주위로 모여드는, 모여드는, 모여드는 통성

빽빽이 우거진 숲이 고결한 정적 속을 걷고 있다
우뚝우뚝 솟은 산들이 바위의 침묵으로 말을 건다

집 주위를 서성이는 봉숭아꽃

색색이 주고받는
하얀 노래야

배롱나무 꽃들이
억년의 고독처럼 술렁인다

숨죽이고 다가오는 검푸른 바다의 물결
나 혼자 눈을 뜨고
깊은 샘물 속을 걷는다

시인의 글

역설

김영박

내가 나에게 말을 한다

1.

나를 찾아 여행을 하는 중이다. 어린 시절 정글의 오두막에서 잃어버린 나를, 황혼이 물들고 있는 사막 한가운데서 찾고 있다. 여기까지 오면서 수도 없이 만난 것이 바로 역설이다. '내가 나에게 말을 한다.' 라는 역설. 70년 가까이 세계를 떠돌며 나를 찾았지만, 아직도 보이지 않는 나를 이제 연필을 들고 되지도 않은 초상화를 그리는 것이다.

그러니 나도 모르는 나를 보며 현실의 나를 그린다. 전혀 닮지 않은 눈, 코, 그리고 입을 그려놓고 얼굴을 길쭉하게 그렸다가, 동그랗게 그렸다가, 납작하게 그리기를 반복한다. 몇천 장을 찢고 그리기를 반복해온 세월을 뒤돌아보면 정신이 너무도 아득하다. 내가 나를 모르니 역설의 완성은 기대하지 않는다. 다시 말해 나에게는 완벽이나 완전함이 존재할 수 없다는 말이다. 그저 이 시들이 나의 존재를 드러낼 수 있고 지금까지 나의 삶을 지켜주신 분들께 감사하는 마음만 담긴다면 그것으로 만족한다. 아니, 그것이 시집이 아닌 삶으로 실현되기를 바라며 언젠가 나를 찾아올 신을 기다린다.

내가 뇌염을 앓고 15일간 말을 못하고 있을 때 당신은 어디 있었느냐고 조심스럽게 묻고 싶다. 그리고 신

앞에 이 시들을 놓고 나의 상처와 죄 그리고 삶에 대해 논쟁을 해볼 심산이다. 그때 아마 신은 어떻게 말을 할지 짐작이 간다. 말을 다시 되찾게 하고 평생 국어선생을 하며 시를 붙들고 살게 하여 오늘에 이르도록 한 분을 너는 알고 있느냐고 되물으며, 네 인생을 얼마나 감사하며 살았느냐고 질책을 할지도 모른다.

내가 시를 쓴 것인가, 아니면 시가 나를 여기까지 끌고 온 것인가? 내가 내 자신에게 물을 때가 많다 이는 고통인가 하면 축복이 찾아와 나를 걷게 했다는 것이다 그러니 고통과 축복은 둘이면서 하나로 나를 지탱해준 것이 분명하다. 그런데 그동안 나의 삶을 돌아보면 고통이 나의 전부인 것처럼 생각을 해왔다. 그러나 이제 어렴풋이나마 이 고통이 나를 지켜주었다는 사실을 알기 시작한 것이다. 그러니 나의 삶이 신의 목적이 아니라고 부인하기 어렵다. 그래서 지금 하는 이 일이 신의 목적이라는 생각이 든다. 물론, 신의 목적은 수없이 수정이 되어왔고, 또 수정이 될 것이다. 아니, 신의 목적을 수시로 고치며 나를 찾아가는 중이다.

언어가 내 몸을 떠난 뒤 15일 후에 다시 조금씩 어머니를 부르는 연습을 했을 때를 상상하면 와락 눈물이 쏟아진다. 기억도 나지 않는 이야기로 눈물을 흘리는 것은, 그 일이 평생의 상처로 남아있기 때문일 것이다. 왜 나는 암기력이 떨어지는지, 기억력이 좋지 않은지, 이해력이 부족한지를 놓고 씨름해온 세월을 떠올리면 가슴이 무척 아프다. 그래서 공상으로 세월을 보낸 때가 너무도 소중하다. 공상하는 시간만은 행복을 돌려받은 것처럼 즐거웠으니, 그 때만은 내가 세상의 주인이었다는 말이다. 아직도 그 공상의 습관이 그대로 남아 이렇게 시를 쓴다. 그래서 밤하늘을 떠돌며 나의 별을 찾아 두리번거리기도 하고 사막에 떨어지는 별을 줍는 일을 쉬지 않고 계속한다.

일주일에 하루나 이틀, 시골에서 잠을 자며 바위에 누워 밤하늘을 바라보는 일은 나의 일상 중 가장 행복한 순간이다. 바위에 누워 별 숲을 걷는 시간은 100여분, 물론 그 시간을 오롯이 별을 찾는 일을 혹은 별을 줍는 일을 하며 누워있다고 할 수는 없다. 밤 8시부터 10시까지 듣는 클래식 음악은 그냥 잡념을 조금 줄여줄 뿐이고, 개구리 울음소리, 매미 울음소리, 귀뚜라미울음소리, 풀벌레 울음소리, 겨울이면 섬뜩하게 들려오는 고라니 새끼의 비명소리까지, 나의 친구가 되어 하늘을 함께 여행을 한다는 말이 더 적절하다.

가끔 선물을 가득 들고 찾아온 달이 내 곁에 누워 한참 동안 이야기를 하다 돌아가곤 한다. 동쪽에 떠오르는 달, 서산에 기우는 달, 구름 속에서 춤을 추는 달, 달무리를 만들고 있는 달, 초승달, 보름달, 하현달, 반달, 언제나 고독한 듯, 쓸쓸함을 가득 안고 오는 달의 모습 속엔 언제인지 몰라도 나도 모르는 내가 숨어 있다. 아니, 어머니가 있고, 누이가 있고, 아버지가 있다. 어쩌면 누군가를 찾아 지구 주위를 끝없이 떠도는 달은 나의 그리움인지도 모른다.

2.

교직생활을 정리하고, 명예퇴직을 한 후의 일이다. 그때 나는 고립무원의 삶을 살고 있었다. 옆에 가족이 있어도 앞으로 어떻게 살아야 하나 고민 중이었다. 그래서 절이나 산골 어디 수도원에서 밥만 먹여준다면 그곳에서 노동을 하며 일생을 살고 싶다고 한 적이 있다. 그 때의 꿈이니, 나에게는 상당히 의미 있는 꿈이다. 아니, 지금까지 머리에 생생하게 남아 있으니, 나의 삶을 암시하거나 인도하는 꿈임에 분명하다.

내가 어릴 때 살던 집은 나를 낳고 아버지가 아들을 세 명 더 낳을 수 있다는 풍수의 말을 믿고 지은 집이다. 마을 제일 위, 산 밑 대밭에 터를 닦고 지은 집이니, 아버지의 혼이 그대로 살아있는 집이라고 할 수 있다. 그 집을 지을 때, 아버지의 고생은 이루 말할 수 없었을 것이다. 그 당시, 열 살이 미처 되지 않은 외갓집 형이 본 것을 들려준 이야기가 전부지만, 그 열정은 눈물겨울 정도였다고 한다.

손수레를 사서 달밤에도 흙을 파냈다며, 그 100여 일이, 아버지가 나이 들어 허리가 낫처럼 꺾이게 된 단초가 되었을 것이라는, 이 한 마디 말이 모든 것을 말해 준다.

그러나 그 집을 짓고 딸 셋을 더 낳았지만 끝내 집은 지켜지지 못하고 팔려서 뜯겨 갔으니, 그곳은 허무한 인생의 삶을 대변하는 곳이다. 지금은 대가 우거져 발을 들여놓기에도 어려운 폐허가 되어 있다. 그런데 그 집터 위 대밭 한가운데 사람의 그림자도 볼 수 없는 곳에 내가 덩그런 한옥을 지어놓고 혼자 달을 바라보며 생각에 잠겨 있는 꿈을 꾸었다. 이 꿈은 한 번으로 끝이 난 것이 아니다. 모르긴 해도 대여섯 번 계속되었을 것이다.

그리고 몇 개월이 지난 뒤에, 내가 시골 어딘가에 오두막을 하나 지어야겠다는 생각에 사로잡혀 친구와 함께 고향 마을과 40여 년 전에 찾은 지구의 끝을 오가며 저울질하던 때에 또 다른 꿈을 꾼 적이 있다. 고향 마을과 조금 떨어진 논 가운데, 집을 짓고 창문으로 마을을 바라보며 서 있는 꿈! 그 때 마을 사람들이 무척이나 다정한 눈으로 나를 바라보는 것이 생생하게 떠오른다. 이 꿈도 몇 번을 계속 꾸었으니 시골에 조그마한 집을 갖는 것이 나의 무의식속에 살아 있었다는 말이다.

그리고 내가 이동식 주택을 가져다 놓은 곳은, 지구의 끝, 아버지 어머니 묘소가 있는 대밭이다. 툭 트인 전망이 좋아서인지 터를 잡고 나니 많은 사람이 집 구경을 하러 왔다 가곤 했다. 그곳이 40여 년 전에 아버지, 어머니가 찾아들어와 살던 곳이었으니 정이들만도 한데, 나는 언제나 낯선 정글과 같은 곳, 묵정밭이 그대로 남아있던 곳에 터를 닦고 정원을 만들고 있다. 나는 그곳에서 1주일에 하루나 이틀 혹은 삼일을 머물며 잠을 잔다. 그러니 지구의 끝이, 나의 구원의 터전이 된 셈이다.

이렇게 나의 삶은 꿈과 일치 될 때가 있다. 꿈 그대로는 아니어도 앞에 든 두 개의 꿈은 나의 삶을 암시하였음이 분명하다. 이런 삶의 중심에 내가 준비해온 시들이 있다. 내가 신 앞에서 나를 변론하기 위한 시들이니 이 속에는 나의 전부가 들어있다고 할 수 있다. 나의 삶을 줄이고 줄여 놓은 것이어서, 달이고 달여 놓은 쓰디쓴 약초 냄새가 난다. 덜꺽 입에 부으면 다시 토하고 말, 익모초의 물, 탱자의 물, 그러나 잘 달여 마신다면 녹차 맛을 느낄지도 모르는 생이다.

그래서 이 시들은 철학적이고 종교적이며 심리적인 일면이 크다. 피하려 해도 피할 수 없는 운명의 고통, 내 몸을 향해 다가오는 사회적 고통, 그리고 이를 벗어나기 위한 죽음에의 부활, 자연에의 치유와 위안, 이렇게 기승전결 4단계를 밟고자 했다. 그러니 이 시들은 나의 구원의 메시지라고 할 수 있다. 최소한 나에게는 이 시집이 시집만의 의미 이하이거나 이상일 것이다.

이 중 가장 역점을 두고 쓴 시는 '죽음의 변주곡'이다. 내가 바라보는 죽음의 관점이 어떻게 변화해왔는지를 보여주는 시로, 36편이 하나가 되어 있는 시다. 이 시의 배치는 내가 구원을 향해 나아가는 방향이니 삶의 긴 여정이다. 고통을 통해서 얻은 환희의 순간이라고나 할까, 여기서 얻은 결론이 '주홍꽃 雪景'이라고 조심스럽게 말을 한다.

'서정의 꽃'장을 열며 "시를 쓰는 일은 철필로 심장에 고인 피를 찍어 나를 지워가는 일! 내 몸의 우주를 찾아 끝이 보이지 않은 설원을 걸어가는 길!"이라고 썼다. 거기에 들어있는 '고백'이라는 시를 보면 절망적이었던 삶의 한 단면을 볼 수 있다.

    대낮의 어둠이

    아직 깨어나지 않은 동굴처럼 환하다
    호스가 빠진
    배꼽에서 흘러나온 피
    시뻘건 장미꽃으로 피는가

    침대에서 일어나본 적이 없는 소녀
    입을 이리 저리 비틀어도
    말이 벽으로 부서지는 아이

    지구보다 큰 밤을 바라보며 눈물을 닦는다
    다가오는 정적
    방안을 환하게 밝혀 놓은
    눈먼
    한숨 소리

    소녀의 얼굴에서 사라진 별을 찾고 있던 사람이 내 눈에 흐르는 눈물 속에서 반짝인다 뇌염으로 십오일 간 말문이 닫힌 나를 떠나, 우주를 헤매던 내가 어머니를 부른다 아버지를 찾는다

'죄 없이 망한 자가 있던가' '정직한 사람을 버리는 것을 보았던가' '거짓된 사람이 어떻게 하나님이신 분께 반론할 수 있겠는가'

'주께서는 무슨 일이든지 하실 수 있기에 아무도 주님의 뜻을 방해할 수 없는 줄 아나…이…다'
고백한다*

*욥기 차용.

─「고백」전문

이 시의 1, 2연은 TV에서 본 장면이다. 그게 극인지, 사실인지는 중요하지 않다. 침대에서 온종일 배꼽에 호수를 꽂고 지내며, 말도 못하는 소녀가 방에 혼자 있다가 침대에서 굴러 떨어진다. 호스가 빠져 피가 흐르고, 소리가 나오지 않는 비명을 지른다. 3연에서 주인공이 바뀌며, 뇌염에 걸린 아이를 지켜보는 어머니의 한숨소리가 나온다. 여기에는 어머니의 끝이 없는 사랑이 나타난다. 어쩌면 어머니는 신의 대리인과 같은 아니, 그 이상의 존재라는 뜻이 담겨 있다. 그리고 4연에서 두 주인공이 겹쳐지며, 이 시의 화자가 어머니와 아버지를 찾는다. 결국 하고 싶은 말은 5, 6연에서 성경 욥기의 욥의 탄식으로 대신한다. 이러한 슬픈 사연이 인생의 출발점이었으니 어려서 잃어버린 나를 찾는다는 말을 하는 것이다.

거기에 '무한절벽'이라는 시는 사회에서 겪은 참담함이 은유로 표현되어 있다.

이제야 내 영혼이 날기 시작하네
무엇을 입고 있다는 것도, 무엇을 신고 있다는 것도
기억을 하지 못하네
순수한 알몸으로 발을 동동거리며
아무것도 보이지 않는 곳을 향해 문을 여네
손으로 만졌을 때의 두려움도
등에 업을 때의 무서움도
시체에 내 몸을 집어넣었을 때의 아득함도
하얗게 지워진 무한 절벽
모든 시간이 화산처럼 추락하는 심연
머릿속에 모여든 풍경이 하늘을 향해 날개를 펴네
시체염사라는 사실도 잊어버린 채
수많은 나비로 날아오르네
불빛 대신 끝이 보이지 않는 어둠만이
벌거벗은 나를 보네

― 「무한 절벽」 전문

이 시는 시체염사가 시신을 업고 아파트를 뛰어 나오는 장면이 묘사되어 있다. 그러니 삶의 고단함이 그대로 나타나 있다고 할 수 있다. 시신을 업고 문을 여는데 두려움도, 무서움도, 아득함도 지워졌으니 이는 내가, 내가 아닌 상태, 무한절벽에서 뛰어내려야만 살아갈 수 있는 현실의 고단함을 그대로 보여주는 것이다. 이와 같은 절망의 순간을 살고 있다면 얼마나 현실이 암담한가! 어쩌면 상당수의 사람들이 이러한 삶속에서 희망을 찾고 있다는 생각이 든다. 이런 생각 자체가 나의 지나친 억설일지 모르지만, 어떻든 나는 이러한 현실 속에서 실낱같은 희망을 찾던 적이 있었다는 사실이다.

다음 '비어있는 도시'의 간지에 "나는 오늘도 첫닭이 울기 전에 몸을 빠져 나와 하루 종일 천체망원경 속을 걷는다. 한 번도 발길이 닫지 않은 곳을 떠돌며 오래전에 사라져버린 별을 찾고 있다."는 내용이 들어있다.
이어 '죽음의 변주곡'은 "죽음은 빛으로 돌아가는 것. 어둠에서 멀어지는 것. 아, 그대 사랑이여! 사라지지 않는 영혼이여!"라는 글로 시작을 한다. 이 서장에서 말하고 있듯이 3부에 들어있는 시들은 인생이 고통을 극복하는 것은 죽음에 든 사람처럼 욕망을 벗고, 고통을 이해하며 용서하는 사랑 속에 있다고 말을 한다. 그것이 바로 죽음에의 부활로 '주홍꽃 雪景'에서 구원의 희망이 어떤 것인지를 보여주고 있다.

> 어둠이
> 군고구마처럼 익었구나
> 별이 소나기처럼 펄펄 끓고 있구나
> 내 마음 골짜기, 골짜기
> 수천 년 잠들지 못한 마을 터에
> 눈이 펄펄 내리는데
> 설중매 주홍향기
> 누구를 찾아 초롱송이초롱송이 집을 짓는가
> 아, 주렁주렁 열린 그리움의 눈물이여
> 설매헌의 새벽빛이여
> ―「주홍꽃 雪景」 전문

이 시는 고통의 겨울을 보낸 설중매가 눈이 내리는 초봄에 주홍꽃으로 집을 짓는다는 내용이다. 베토벤의 환희의 송가를 몇 번이나 들었을까? 아마, 이 설중매도 꽃이 피는 순간 이 노래를 부르고 있었다면 어떨까? 아니다, 어쩌면 이 송가보다 더 빛난 노래를 부르고 있었을 것이다. 이것이 나의 역설이다. 삶의 고통은 구원으로 가는 길에서 떼려야 뗄 수 없는 존재인 것이다. 그래서 이 시는 이 시집의 송가와 같은 시라고 말하고 싶다. 눈이 펄펄 내리는 날, 주홍꽃으로 피는 이 꽃보다 더 아름다운 것은 없다는 말이다. 역경을 딛고 일어서서 보잘 것 없어 보이지만 꿋꿋하게 자신의 삶을 살아가는 사람! 그것이 신이 인간에게 바라는 구원의 목적이 아닐까 묻는 것이다.

마지막으로 「바위는 산책 중」에는 고난을 딛고 피어난 꽃이 바라보는 세상이 어떤 것일까 하는 물음의 답이다. 그곳이 바로 여기에 들어있는 시들이 존재하는 세상이다. 우리는 힘들고 괴로울 때 어머니의 품을 생각한다. 그곳은 신이 창조해 놓은 가장 아늑한 세계이다. 인간의 냄새가 조금이라도 덜 나는 곳에서 인간은 위로를 받고 위안을 느낀다. 그래서 요즘 많은 사람이 <나는 자연인이다>라는 TV프로를 즐겨보는지도 모른다. 자연 속에서 편안함을 느끼는 사람이 많다는 말일 것이다. 그 자연이 주는 치유의 순간이 들어있는 시 한 편

    하늘이 꽉 차 있다
    구름 한 점 보이지 않는다
    별들의 기도소리

이글이글 일렁인다
하현달 주위로 모여드는, 모여드는, 모여드는 통성

빽빽이 우거진 숲이 고결한 정적 속을 걷고 있다
우뚝우뚝 솟은 산들이 바위의 침묵으로 말을 건다

집 주위를 서성이는 봉숭아꽃

색색이 주고받는
하얀 노래야

배롱나무 꽃들이
억년의 고독처럼 술렁인다

숨죽이고 다가오는 검푸른 바다의 물결
나 혼자 눈을 뜨고
깊은 샘물 속을 걷는다

— 「새벽 기도회」 전문

잠을 자다 새벽에 깨어 밖에 나와 보니, 초저녁에 보지 못한 달이 중천에 떠 있다. 별들이 총총히 빛난다. 누군가의 안녕을 비는 통성기도처럼 별들이 초롱초롱하다. 구름 한 점 보이지 않는 하늘, 온통 침묵 속에 피어있는, 배롱나무 꽃, 봉숭아꽃, 쑥부쟁이 등 아니, 모든 아름다움이 고독의 돌문을 노크한다. 모르긴 해도 신의 기도소리는 이런 곳에서 찾을 수 있을 것이다. 해가 뜨는 아침을 기다리는 기도소리가 세상에 가득 울려 퍼지는 순간이다.

이 시집에서는 인간이 행복을 찾아 걸어가는 삶의 여정을 말한다. 자신에게 주어진 삶의 조건은 바뀌지 않는다. 그러면 어떻게 살아야 고통의 굴레를 벗을 것인가? 답은 분명하다. 자신이 변하지 않으면 고통은 겨울의 설산처럼 또는 점점 더 커가는 빙산처럼 따라 붙는다. 그러니 자신의 변화, 생각의 전환에서 행복을 찾아야 한다. 이는 물질로 채워지는 것이 아니다. 아무리 많은 재산이 있어도, 누리고 있는 권력이 하늘을 찔러도, 남이 바라볼 수 없는 명예를 가지고 있어도, 인간의 마음속의 불행은 어쩌지 못한다. 그러니 세상에서 아무리 행복을 찾는다 해도 행복은 찾을 수가 없다. 볼 수도 없고 보이지도 않는 마음속에 웅크리고 있는 것이 행복이다. 누구든 이러한 사실을 모르고 사는 사람은 없을 것이다. 그렇지만 행복을 느끼며 살아가는 사람은 극히 드물다. 내가 지금 짓고 있는 이 집에서는 결국 탐욕을 내려놓고 주어진 현실을 받아들이는 자에게 행복이 있다는 말을 하고자 한다.

모든 불평, 불만, 그리고 미움이 자신의 욕망에서 나온다. 탐욕과 교만이 파멸로 이어진 사람을 한둘만 본 것이 아니다. 여기에 수반되는 것이 고통이니, 고통을 이겨내는 힘은 외부에 있지 않고 자신의 내면에 있다. 용서하고 사랑하는 일 외에 고통에서 벗어나는 방법은 없다는 것이 신이 가르쳐준 진리이다.

이 시편들의 바탕에 면면히 흐르고 있는 것은 사랑일 것이다. 사랑이 없는 가족은 가족이 아니다. 물질로 만난 사람들은 물질이 사라지는 순간, 모든 것을 잃게 된다. 친구도, 연인도, 물질이 사랑을 앞서면 오래가지 못한다. 이 세상에서 영원한 것은 사랑뿐이라는 말은, 바로 사랑이 신이기 때문이다. 우주의 근원은 신에게 있으니, 신이 존재하지 않는 사람은 존재할 수가 없다.

별이 쏟아진다. 나는 지금 바위에 누워 지난밤에 세다만 별을 다시 세며 바람을 기다리고 있는 중이다. 어디서 시작된 지도 모르는 바람, 세상을 돌고 돌아온 바람, 세월의 바람, 인생의 바람은 어떻게 오늘 나에게 다가올지 궁금하다. 가는 여름이 아쉬운지, 오는 가을이 마음을 설레게 하는 것인지, 자꾸 이곳저곳을 두리번거리게 된다. 누군가 나를 찾아올 것만 같은 밤이 깊어가고 있다.